JN409214

아름다운 갈등

박봉주 시선집

오늘의문학사

아름다운 갈등

시산(詩山) 등정기 · 3

다시 시산을 오르기로 했다.

그동안 바쁘다는 핑계로 굳기름이 끼어서 발씨가 무디고 서투르지만, 가끔씩 인성만성의 거리를 벗어나 가풀막지고 푸서릿길로 들어서면 가장 자연스러움을 느꼈기 때문이다.

예로부터 명산은 사람을 키운다고 했는데, 몇 번의 시산을 애면글면 오르내리며 그 꿈을 꾸었으나 진득하지 못하여 항상 시늉만 내다가 이루지 못하고 예까지 왔다. 산에 오른다고 당장 일보일행이 시가 되는 것은 아닐지라도 시산에 오르며 산학(山學)을 배우고, 자연의 몸이 되어 시정(詩情)에 취하고 싶었기 때문이다.

시산에 오른 지 어언 17년, 발씨가 익을 만도 하건만 밑글이 약해서인가 여전히 시뻐하고 늘 어렵다.

30대는 산도 모르면서 우벅주벅 올랐지만 큰 이문은 없었던 것 같다.

40대는 산의 매력에 푹 빠져 장소불문, 거리불문, 사람불문하고 쏘다녔다.

50대인 지금은 시산의 신비로움이나 맛깔스러운 조망은 고사하고 다시 오르려고 하나 밑절미가 약해서인가 숨이 턱밑까지 찬다.

아직도 산에 다가서면 열쭝이가 되고 어리뜩하여 몇 번이나 망설여지지만 일단 극터듬어 오르면 소잔등 같은 산의 고스락에서 곧 안정과 기쁨이 찾아온다.

내가 직접 밟고 다녔던 메숲지고 험한 능선길, 자드락길, 오솔길, 올레길, 둘레길, 옹달샘 그 언저리의 꽃과 나무 그리고 새소리, 바람소리들

나는 산을 오르내리며 아름다운 그림을 본다.

나는 산을 오르내리며 아름다운 선율을 듣는다.

나는 산을 오르내리며 깊고 높은 산학을 배운다.

나는 산을 오르내리며 기쁨과 안정의 정서를 느낀다.

산은 여전히 나의 꿈이자 현실이다.

산은 여전히 나의 호흡이다.

이제 시산의 들머리에서 지난 산들의 발자취를 들추어가면서 나름 곱살한 것 몇 개 들러리를 세워 『아름다운 갈등』으로 프로포즈를 하기로 했다.

새 길은 아니지만 새로운 변화를 그리면서 또 다른 산행을 꿈꾸고 싶기 때문이다.

2011년 7월

대청호에서 봉주르 박봉주

‖ ‖ ‖ ‖ ‖ **차례** ‖

1 꿈꾸는 삶이 아름답다

2 하늘동 산번지

3 뜨락만한 여유

1

꿈꾸는 삶이 아름답다

비상을 꿈꾸다

내 마음에 어느 날 빛 한 줄기 들어와
산란된 언어들의 미로들을 밝히자
가슴은
홍건한 감동
내 심장의 무게 됐네

끊어질 듯 이어지는 빛 한줄기 이른 새벽
아름다운 갈등에 오고간 밀어들로
넘쳐서
목마른 물결
비상을 꿈꾸었네

가슴 아픈 꿈

꾸어도 알 수 없는 가슴 아픈 꿈이 있다.
도려낼 수 없는 꿈을 밤새워 달래다가
하얗게
눈뜨는 소리
함성보다 더 큰 침묵

꾸다가 막힌 꿈을 귀 세워 들어보니
침묵에 갇힌 세월 울다 못해 돌이 되고
빈한한
세월의 가슴
정을 치는 또 북소리

커다란 관습

누가 내 가슴을 누르는 것일까
일어서고 싶어도
일어설 수 없다
커다란
관습에 눌려
조여지는 내 가슴

밀어도 꿈쩍 않는 발이 묶인 굴레 속에
일어설 수 없어도
생각마저 앉을 수야
구름도
비껴간다는
저 바위를 깨야 한다

하늘의 시계

어제의 일들이
다시 일어나고 있다
흔들어 떨구려 해도
떨어지지 않는다
무릎을
꺾을 수 없어
고개를 들어본다.

아무나 바람을 막을 수는 없다
보이지 않는다고
바꿀 수도 없다
거대한
하늘의 시계에
떠밀려서 갈 수도 없다

오늘의 아픈 상처

새 꿈은
새 살을 돋기 위한 희망이다
자주 앓는 아픔이
새 꿈을 꾸게 하고
오늘의
아픈 상처는
또 다른 부활이다

아직 아물기도 전
새벽이 기다리고 있다
새 꿈은 변명이 아니니
깊은 상처를 도려내고
아픔의
적막을 두드려야
새살 돋는 해몽이 된다

꿈꾸면 해몽

물으면
물음표가 되고
답하면
답답한 세상도
꿈꾸면
해몽이 된다.

찰진 네 모습

느슨해진 하루
꾹 입다문 너를 본다
두 눈 꼭 감고
속으로만 눈을 뜨는
늘어진
내 모습에서
찰진 네 모습을 본다

세상의 아픔까지도
속으로만 삭이는
찰진 네 모습
돌처럼 사는 모습
오늘은
배우고 싶다
너의 꽉찬 고집을

말 한마디

말 한 마디에
세상은 중심을 잃고
한 곳으로 쏠리더니
쿵-하고 뒤집어졌다
또 바람
굽어진 세상을
어떻게 펴자는 것인지

달마저 황달

눈을 떠도 노랗고
꿈을 꿔도 노랗다
세상이 바뀐 것일까
고뇌하는 긴 그림자
마음 먼
빈 하늘가에
달마저 황달이다

민심이 촛불

촛불이 뜨거운 건
민심이 촛불로 되었기 때문이다
작지만
수천의 별이 된
뜨거운 별을 보았다
촛불이
높아지는 건
바람이 밑에서 위로 불기 때문이다

울 수 없는 가슴

촛불이 높아지는 건
울 수 없는 가슴이 크기 때문이다
하늘은 노랗고
땅은 온통 붉게 물드는데
중심이
흔들리지 않는 것은
풀잎이 있기 때문이다

웃음의 하늘

아이의 모습에서
내 모습이 보인다고 한다
아비의 현실적인 갈증이
아이의 모습으로 굳어졌을까
답답한
아비의 세상
아이까지 물들었나
맑게 웃을 수 있는 하늘이 그려져야 한다
아비의 절뚝이는 현실과
아들의 훨훨 나는 미래에서
아이는
웃음의 하늘
그것만으로 그려져야 한다

아직도 못 비운

어느 날
낙엽 다 진 나무에 서서
내 자신 다 못 비운 몸을
회개하며 서 본다
버거워 앞서 가지 못하는 몸을
나무에 기대고
윙윙 찬바람 스치고 지나가는
나무밑에 서 있어도
아직은 못 비운
추운 나를 본다

내 의식의 군살

몸무게가 늘었다
좀 더 살찌고 싶다 안달할 땐
늘지 않아서
이것이 황금률이려니 했더니
어느 새 바쁘다는 핑계를 비집고
내 의식에 군살이 끼었다
이제 겨우 몇 자 적어놓고
동맥경화로 펜 끝이 무디어졌다
뛰어야 한다
삼동에도 나신으로 서며
편안한 군살을 빼내
뼈마디 강하게 바로 서야 한다

초록의 삶

이름 모를 풀잎들이 한 줄의 삶을 이었다
천년만년 굳어져라
내쳐진 시멘트에
인간의 부실로 금이 갔는지
조난당한 인간처럼
놓치면 마치 생을 놓치는 것인양
손과 손을 잡고 한 줄로
죽음의 사막을 건너온 초록의 삶

산다는 건 절망 앞에
푸르른 정신을 똑바로 세우는 것
하늘의 빛으로 내려앉아서
딱딱한 인간의 심성에
일렬로 생명을 부여잡고
삶의 찬가를 들려주고 있다

그 아픔
목마른 갈증으로
구가하는 초록의 삶

김장 · 1

부정을 멀리하기 위해
방이며, 부엌이며 청소를 한다
아내는 김장을 하기 전에
마음부터 씻는다
배추며, 무며
파를 쌓아 놓고
허리를 폈다 손을 뻗었다 하며
속 좋은 알맹이를 위해
보기 싫고 누더기 같은 삶을 솎아낸다
시인의 아내는
김장을 하는 것도
꼭 시를 다듬듯이 한다
속이 하얀 서사시와
속이 빨간 서정시를 두루
다룰 줄 아는 아내는
절차탁마의 대가다

김장 · 2

원석을 다듬듯이
시든 잎이나
바람든 것들은
미련없이 뜯어낸다
하얗게 뼈만 남도록
세상의 때를 푸르게 씻어내고
고개드는 날것들에
소금을 친다
넘치고 넘쳐나는 세상인데
푸른 빛이 나도록 다듬고
돌멩이로 꽉꽉 눌러
몇 달 묵혔다 꺼내면
동치미 같이 시원한
아내의 시가 된다

여행 · 2

집중을 향해 한 눈 팔지 않고
한 우물 파는 기차
무엇이 그로 하여금 뒤도 옆도 없이
앞만 보게 했을까
시 한 줄을 탈고하기 위해
기차와 함께 시를 다듬는다
옆으로 쏠린 시선도 떼어내고
뒤로 뭉친 미련도 잘라낸다
매끄러운 시 한 줄을 다듬는 게
기차 속이 편안한 이유는
기차와 시가 한 생각으로
나란히 가고 있기 때문이다

글쓰기

어둠을 가로질러 촛대 하나 밝혀놓고
깜박깜박 초생 같은 첫새벽을 쫓다가
붓 끝에 샘물 길어도 바싹타는 소갈증

행방의 흔적 찾아 이리저리 헤맨 미로
칼날 같은 조각달이 살찐 생각 베어내다
지나쳐 혼절한 마음 다시 괴는 심호흡

심맥을 잘 잡아야 명의란 소릴듣고
곡예사 줄타기로 자맥질도 해보지만
온 밤을 지새우고도 내 그럴 줄 알았다

남대천 · 1

남대천에는
산의 높이 만큼 깊은 뿌리가 있다

남대천은
비바람에도 흔들리지 않는
깊이를 키우기 위해
얼마나 씻어내고 닦아내고 키워왔던가

어린 시절에 뿌려놓은
내 작은 그리움의 깊이도
그렇게 닦아내고 씻어내고 키워왔다

가끔씩
물 속을 들여다보면
남대천의 깊이와
내 가슴의 깊이가 다를 때가 있다

남대천 · 2

남대천에 가면 비린내가 난다

20년의 성년이
20년의 유년을 지워도
비린내를 맡으면
20년의 유년이
20년의 성년을 지운다

얼굴을 담그면
웃음의 지문이 묻어나고
수없이 흩어진 발자국에도
내 삶의 연어들이 아직도 살아있다

과거를 보고 싶으면
나는
남대천의 비린내를 맡는다

남대천 · 3

아이들의 목소리가 산마루에 걸리면
둔치는 가을잔치 여러 색을 맞추고
구름도 하늘을 열고 있는 품을 다 주었다.

물빛 산빛 에둘러 꿈길을 밟아가면
잊혔던 고운 손길 기척으로 전해지고
하늘도 낮게 드리워가는 귀를 세웠다.

한 발은 꿈에 젖고 또 한 발은 물에 젖고
앞뒤를 잴 수 없어 마음대로 뒹구는 날
모가 난 푸른 원음도 세월따라 닮은 소리

남대천 · 4

어릴 적 우리는 연어를 잡으며
보이지 않고 닿을 수 없었던
먼 바다 푸르른 꿈을 이야기 했다

한 소년의 꿈은 눈부신 햇살로 익었고
한 소녀는 아직도 못다 이룬 꿈을 꾸고 있었다

이제 그 꿈들이 다시 남대천에 모여서
거슬러온 먼 바다의 푸르름을 쏟아내고 있었다

남대천이 마르지 않는 것은
우리들의 꿈 이야기가 아직 끝나지 않았기 때문이다.

산행 · 1

평지 걷기가 싫을 때가 있습니다
잘 닦아진 아스팔트
반듯하게 지어진 아파트
그 사이를 오고가는 사이
평지가 너무 많은 말을 합니다
평지의 언어들은 너무나 시끄럽습니다

다시 산길을 잡습니다
나무는 손을 잡아주지만
말을 걸지 않습니다
산은 가슴을 열어주지만
말을 하지 않습니다
하늘은 모든 것을 다 보여 주지만
그것뿐입니다.

오늘은 산 속 걷기가
평지 걷기 보다 더 편합니다.

산행 · 2

산은 참으로 편합니다
무얼 사갈까
망설이게 하지 않습니다
무얼 보여줄래
강요하지도 않습니다
한눈 팔아도
내가 비킬 필요도 없습니다
구름처럼 바람처럼
비껴가는 나무처럼
그렇게 가면 됩니다
산은 속이 참으로 편합니다

그런 친구가 좋습니다.

산행 · 3

마음이 답답할 때
십리 산길을 걷습니다
깊이 들어 갈수록
내 가슴도 깊어지는 것 같습니다.
큰 산이 다가오고
하늘이 들어오고
걸으면 걸을수록
작은 가슴속에는
높고 너른 것이 채워집니다

그래도 가볍습니다.

마라도 풍경 · 1

마라도에서는
아파도 똑같은 처방만 있다
철썩~ 쏴아~
수만권의 서적이 있고
수천만의 사람이 있어도
해결할 수 없는 것을
마라도에서는
쉽게 해결한다
철썩~ 쏴아~

들어보면 안~다.

2

하늘동 산번지

설악산 서시序詩

먹물인 듯 풀잎 찍어 세상을 그려보면
애증의 연주보다 눈빛 푸른 저 소리
눈뜨면 꽃피는 마을 하늘동네 산번지.

한 번쯤 눈을 감고 산여울로 수혈하면
더디고 무딘 삶 산정에는 못미처도
읽어도 어둡던 글귀 눈빛마다 길이 납니다.

하늘 빛 닮아가는 까치의 기별 소리
물들고 풀든 생각 산이 되고 물이 되어
나서면 손잡는 둘레 청복으로 뛰는 노래.

흔들리는 푸른 언어 가슴속을 부풀리면
은밀히 익힌 사랑 퍼주어도 남아 돌고
풀빛은 바람을 만나 쏟아지는 말씀입니다.

설악 청산도

산만 보고 자라난
갓 스물 나이테엔

고뇌의 깊이만큼
뿌리째 흔들리며

햇살도
눈발로 치던
옹이 박힌 청산도.

머루 다래 여문 생애
향기로 깨어나서

불혹의 가슴속엔
아직도 풀잎 향기

눈시울
매캐한 바람
흔들어도 푸른 산맥.

불혹의 산, 설악산

저만큼 가벼울 땐
눈길 한번 안 주더니
불혹의 고갤 넘으니
산이 나를 부르네
산 하나
찍힌 낙관에
가슴앓이 하는 나를.

밑도 옆도 보지 말고
산만 보고 오라며
높고 낮은 길 아닌 길
불혹의 생이라며
품안의
허튼 발길도
마다 않고 받으네.

설악산 낙엽

몸살이 심하여
신열로 누웠다기
천리길 두려움에
안부만 전하려다
조용히
두드린 산문
줄줄이 선 문병객.

어디가 아프신가
전신을 만져봐도
할말을 잊으신가
열꽃만 피우더니
흔들린
그리움 하나
노을 끝에
머문 해탈.

설악산 고백

천리길에 잊어버려 소리없이 타는 산아

시월의 가슴은 들추며 타는 건가
만 갈래 조각으로 산여울은 흩어지고
눈빛만 봐도 알 수 있었던 그날의 일렁임
오늘도 어제런 듯 그때의 하늘처럼
기다림의 크기만큼 가슴만 부풀리다가
동화의 거리로 가자 별빛을 밟으며

인연의 가슴앓이로 별빛마저 아프구나.

야간 산행

풀벌레 기도 같은
하늘 향한 조붓한 길

귀 하나만 열어놓고
나신으로 듣는 침묵

아픔이
어둠을 뚫는
빛 하나 보는 소리.

삶도
시린 허공인데
산 하나가 더 얹힌

풀잎에도 떨리는 가슴
빛을 찾아 품다가도

눈뜨면
파문의 상처
도로 후회할 것을.

매운 바람 추스르며
어둠 밑을 허적이다

미치지도 못한 발길
다시 빛은 찾아드네

얼마나
몽환 깊어야
아픔 속에 동이 트나.

공룡능선을 넘으며

산도

무게를 올려놓은 까만 밤에

나도

망설이다

살며시 올렸더니

흔들어

무게를 허는

수군수군

어스름.

흔들바위

열 사람이
흔들어도
한 사람이
흔들어도

하늘 아래
고른 생각
산에서도
느끼라네

부처님
내 말이 맞죠
끄덕끄덕 감자바위.

대청봉 해맞이

벗길 건

다 벗긴

거칠은 호흡 아래

원죄로

마주선

분만의 핏덩이

천기를

보고 들은 자

사랑하라!

노래하라!

대청봉 표석

산 위에
빗돌 하나
빗돌 위에
시 한줄

생각은 낮아도 높아지는 곳에서

양양을
구름 위에 쓴
산이 부른 시

대청봉을 오르며

모든 건
다 잊고서 가볍게 올라오라

은밀한
부르심에 욕심 하나 더 챙기니

숨이 찬
등고선에서
싸늘하게 밀어낸다.

세상의
요란함에 산이 될 수 없는 나를

살얼음판 산정에서
아픔으로 달구더니

섣부른
부푼 기대도
벼랑 끝에 어지럽네.

숨 닫고
오른 정상 눈들어 밖을 보니

인간의 지혜는
미명으로 잠들고

열릴 듯
꿈꾸는 세상
소리마다 빛이 되네.

한계령에서

하늘도 바다도 설악산도
만나는 곳
감자도 옥수수도 인심도
풀어놓고
구름도 바람도 눈도
만나는 곳
한계령.

사랑길로 오시든지
황혼길로 오시든지
설악산 오가실 때
약속하며 만나는 곳
한계령
인연의 고개
비잉-빙 엮게 하소서.

야양*의 바람

야양의 바람은
가슴 먼저 키운다.

버둥질 것들은 애시당초 쓰러뜨리고

눈뜨는
가슴속에만
산씨를 뿌린다.

청하지 않아도
내 속에는 산이 있다.

부정합의 하늘 아래 기우듬히 낯설어도

푸드덕
새벽을 맞는
푸른 피가 흐른다.

*양양 사람들은 양양을 야양이라고 부름

까치 안테나

분질러진 안테나에
세상도 굴절되어

고르지 못한 화면
잡음으로 크는 세상

무언도
뜻이 깊은데
더듬다가 낮아진 생.

분질러진 안테나에
까치가 앉았다.

수신된 소리마다
꽃씨가 떨어지고

들어도
늘 푸른 합창
가슴속에 번진 꽃물.

갓길로 버린 추억

굴삭기에 뚫린 가슴
까치의 울음소리

날갯짓할 때마다
이승은 아파오고

피멍진
한줌의 객토
가슴 또 무너지네.

편하다고 뭉개놓고
갓길로 버린 추억

과거를 묻으라며
꿈마다 흔드는가

목발로
핏발선 구호
신음으로 누워 있네.

현산공원의 사계

봄
땅맛도 모르면서
언뜻 하늘 훔쳐보고

헐렁한 마음 하나 종일토록 흔들린다

밤새워
앓고 누워도
섬이 되어 떠 있네.

여름
한여름 뙤약볕에
종아리를 걷으면서

안으로 감는 채찍
갈증으로 되감기어

어쩌다
무지갤 보면
마음만 좇아갔다.

가을
가을빛을 마시면
속마음도 익을련가

은혜로 반짝이는 하늘가를 서성이다.

무엇이
마음 안 드나
북북 털어 버렸다.

겨울
그리워 비운 마음
햇살 하나 돋은 자리

머물 듯 사랑 같은 아픔을 풀어내면

꿈 대신
다시 쓴 새벽
바람 먼저 읽고 간다.

남대천, 연어의 고향

물무늬
살아 돌아 한생애 만져질 듯

생과 사
덮고 품은 따스한 알 두세 개

핏줄로
이어지는 길
푸르게 꿈은 익고.

그리움의 멍울들이
물빛으로 타오르면

눈부신 편안쯤은
세상 위로 띄우고

푸르른
망향의 깊이
출렁이는 한마당.

막히고
가파른 길 푸르게 추스리며

주저앉고
머물고픈 눈들어 머나먼 길

맺은 생
물릴 수 없는
꿈의 찬가 남대천.

남대천, 불씨를 이으면서

귀먹은
물소리에 먼 세월 내려앉고

유년의 비린내가
은어살로 돋는 오후

강 언덕
무늬진 생애
화석으로 눈을 뜬다.

불면으로
속 깊어진 응축된 한세월을

강 위에 띄워놓고
기러기로 나는 사유

천리길
발길 젖어도
대물림할 약속의 땅.

아버지의
먼 기침소리 정한 깊은 한 소절로

저당 잡힌 메마른 삶
물빛 더욱 아려오고

불혹에
매긴 가락으로
해가 뚝뚝 떨어진다.

아들과 아비가
강돌을 마주잡고

할아비적 당긴 세월
불씨를 이으면서

남대천
흔들린 침묵
웃음으로 다시 괸다.

남대천 영가靈歌

아직도
못다 부른 연어들의 긴 목마름

잿불을 허적이면
기억꽃이 피어나고

강가로
풀리던 영가
별꽃으로 뜨는 저녁

모서리
돌고 나와 쏟아진 발자국들

못 챙긴 청솔가지
새벽까지 지켜보고

먼 생각
줍고 떠나면
젖은 자리 햇살들.

어머님 사랑

눈에 들은 티끌로
눈물이 괼 때마다

침 꿀꺽 삼킨 혓바닥
눈 속을 핥으셨던

지금은
맑은 눈으로
세상을 그립니다.

고사리손 얼어 붓고
핏금으로 갈라지면

젖 짜서 발라주고
뱃속으로 녹여주시던

지금은
고운 손으로
쓰고 짓고 합니다.

임종 · 1

오르다 힘겨우시면
버리고 오르소서

빈몸도 무거우시면
마음마저 비우소서

그것도
버거우시면
눈길만 들으소서.

눈길도 어려우시면
그냥 눈을 감으소서

꿈속의 십리 산길
오르다 지치시면

산울림
고옵게 펴서
잠시 쉬어 가소서.

임종 · 2

눈으로
눈으로만 보이는
산이었다가
가슴으로
가슴으로 흐르는
강이었다가
뒤돌아
다시 또 보면
바람 같은
허무뿐.

낙산사 해맞이

하루
그 언저리 잠 못드는 뜨락 위에

밤새운 언어들의
군살이 빠지면

새벽은
어둠을 쓸며
비움으로 차오는가

갈매기 날개 위로
소망은 부풀어도

침묵에 갇힌 등불
불면으로 흔들리는데

하늘은
저리도 깊이
몸을 굽혀 듣는가

죄다
마음 비우고도 탑돌 하나 더 얹고

환하게 따라 웃으며
새 하늘을 노래할

먼 하늘
귀를 묻고서
금빛 캐는 사람들.

폐광촌에서 · 1

희디흰 세상들이
예까지 몰려와서

웅성웅성 골짝마다
꿈을 심던 푸른 산맥

아랫목
따끈한 소리
숯불 같은 이야기.

이곳에 들어서면
조국이 웃는다던

20세기 굴뚝 끝에
졸고 있는 산까마귀

손 저어
쫓아버려도
허공 속을 짚는 꿈길.

출입금지 푯말 앞에
나뒹구는 기침들

먼 역사 헤집으며
가난을 덥히자던

하늘의
눈 내리는 말씀
고샅으로 흩어지고.

등 시린 화덕 위로
관절을 꺾으면서

닦아도 빛이 바랜
흑백사진 자화상

언 땅의
기침소리만
빈 갱도를 떠도네.

폐광촌에서 · 2

뻐꾸기 울음 소리
노을로 깊어가는

산 그늘
어둔 세월 막장의 레일 위로

고생대
검은 소망이
시린 등을 불밝혔던.

두 손을 보듬어도
일지 않는 불씨들

젊음을 메우고도
가슴 뚫린 햇살 되어

철쭉꽃
자지러지는
흑염소의 피울음.

한세월
가라앉은 물빛 흐린 하늘가에

떠날 수가 없어 지킨
한 무리의 야생화가

텅텅텅
허망한 세월
잔기침만 해대고.

검은 빛이
희망이던 해소기침 할배 세월

목숨의 깊이만큼
캐올리던 막장의 손

역사의
골다공증으로
이 시대에 누워 있다.

부모님 전 상서

아버님 전 상서

부모님
안 계심도
불효의 죄라서

때문은
죄 한겹을
상석 위에 지우려고

휘돌다
돌아온 바람
산속에서
뵈
옵
니
다

어머님 전 상서

절반은
잊기 위해
노래를 익혔습니다.

절반은
잊지 않으려
사랑을 배웠습니다.

그래도
못미치는 몸
무엇으로
깨
칠
까
요

하조대 사랑

넘지 못해 부르지 못해
가슴으로 타는 연가

애절한 꽃이 되어
파도로 일어서면

부서져
못다 이룬 꿈
벼랑으로 피는가.

그리움의 빛깔마냥
보석 같던 그 해 여름

뜨겁던 시계소리
백사장만 달구더니

석양의
고운 빛 받아
해당화로 익는가.

38 경계선에서

바다에
다가와서 조용히 바라보면

바다와 하늘은
정분난 사랑인데

분단된
인간의 눈빛
갈라치고 시기하네.

바다에
다가와서 가만히 들어보면

피멍으로도 못다 부를
처절한 타령인데

서늘한
혈연의 거리
꺾여지는 눈길은.

바다에
다가와서 곰곰히 생각해 보면

인가에 와 거품이는
저 퍼런 몸부림

형제여
보고 들어라
가슴에 금 긋지 말고.

운학동에서

묵향 가득
올곧은 길
사는 까닭 무얼까

이만큼
내
려
앉
아
심선心線 찾아
예 왔나

안으로
눈을 감고서
맺고 푸는 운학무雲鶴舞

3

뜨락만한 여유

청령포에서

역사를 적시던 소쩍새 피울음
눈물도 돌아앉은 애증의 세월 속에
긴―긴밤 앓던 산하엔 천추고혼만 어리고.

선무당 칼춤으로 허물어진 하늘 아래
산 섧고 세월도 깊은 홀로 뜬 허무의 섬
길손아 왜 찾았느냐 무상만 켜대면서.

오백년 사직을 취기로 쓸어안고
어르고 달래보는 설운 님 고운 아미
아이야 팔매질 하지 마라 피멍으로 흐른다.

*청령포는 수양대군(세조)에 폐위(廢位) 당한 단종(端宗)이 5년간 귀양살다가 사사(賜死) 당하여 승하(昇遐)한 한(恨)이 서린 강원도 영월땅.

산여울 · 1

설익은 동화로도
날개 돋던 파랑새

태 고운 메아리로
노을을 베어 물면

허기진
봉우리마다
꿈이 익던 그시절.

산소리 물소리가
먼 세월 뒤척이면

내 하늘에 걸어둔
무지개빛 시린 자국

해종일
산을 굴리다
꿈을 베고 잠드네.

눈뜨면 만져질 듯
한눈 팔고 잠긴 하루

산내음 품으려다
타향 스며 아쉬운 정

차라리
눈을 감으며
귀로 듣는 산여울.

산여울 · 2

먼발치 그리움에
세월을 무동타고
내 가슴에 찍어 둔
펼쳐보는 어린 덧정
낡아진
스냅 하나로도
이 한밤이 아쉽네.

귀에 익은 사투리로
잠긴 세월 띄워보면
정으로 다독이며
가난이 늘 붙어도
언제나
아쉬운 거리
그 시절에 젖는다.

에밀레종

동심 어린
불심을
소망 끝에 매달고

진리의
둥근 소리로
세상을 어르니

하늘과
사바 세계가
에밀레로 깊어라.

동창회

귀세우고 눕는 하루
먼 세월 일으켜서

부풀은 고향 하늘
매달고 나선 자리

까맣게
잊고 산 추억
빗장문이 열린다.

세상에 바래진
세모 네모 동그라미

하나하나 닦아보니
시가 되고 소설이 되어

제각기
살아갈망정
긴—여정의 반려 되리.

가슴으로 흔드는 정
가냘퍼 보여도

만남 뒤에 젖어드는
잔정 터진 뜨건 가슴

달빛도
마음 아린가
서럽도록 푸르네.

눈빛 고운 벗이 있어

문득, 물든
잎을 꺾어
몇 글자를 쓰다 말고
잔盞가에
떠오르는
눈빛 고운 벗이 있어
오늘도
눈을 감듯이
마음 서로 오갔으면

단풍으로
달아오른
따끈한 한잔 소식
얽혀진
삶의 무늬
한잔 술로 풀어지면
오색등
걸어놓고도
짧은 밤이 아쉬우리.

그득한
술잔 너머로
취해버린 세월이여
세상살이
안주삼아
고향마저 권하면
풀벌레
화음으로도
남도창이 부러우랴.

탑돌이

천년 고인 하늘 아래
길고 질긴 염원 하나

해로 씻고 달로 빗은
이끼 같은 세월 돌아

자비는
아픔 감아서
대보름을 품는가.

속세의 목마름이
나이테로 감겨지면

어둔 창생 소지燒指 위로
넋을 가는 소망 하나

삶의 맥
시름 풀고서
하늘빛을 감는가.

벌 · 1

— 사랑

입김 같은 바람이
꽃가지를 흔들면

내 사랑 봉봉은
열 길 꽃길 거닐며

햇살로
익혀 온 사랑
꽃보다도 부셔라.

풀빛 도는 궁전에
내 사랑 펼쳐놓고

햇살로 묻어 온
녹테 한 줄 걸치면

설익은
사랑 포개도
부푼 꿈에 겨워라.

내 조국의 이름표

— 독도

천리 — 밖
나앉아도
눈에 삼삼
떠오르는

머언 — 먼
그리움
부표인 듯 돌로 선 너

한핏줄
마음의 물무늬
내 조국의 이름표.

바다 묵시록

바닷길 열고 보니 하늘마저 반기어
때 절은 세상을 돛대에 잠시 걸고
가만히, 일상 담그면 산도 뜨는 가벼움.

하늘의 중심 터에 내 마음 찌를 놓고
찌든 마음 적시려고 퍼득임 캐어 물면
한 점의 떨림으로 출렁이는 수평선.

바다 그 기쁨을 하늘 높이 채이면
세상의 높이만큼 떨어지는 젖은 꿈
세파 속 오르내림은 인생길의 왕복선.

지고 뜨는 희비 속에 흔들리는 먹이사슬
내 너를 잡았다고 무엇을 얻었다 하리
무욕의 닻을 내리면 물든 생각 파도소리.

모래성 지어놓고

닳아진 꽃무늬에
파도 감긴 고동소리
절인 꿈을 닦으며
등대불로 부신데
타고도
재가 없음이여
서러운 밤 달무리.

살 시린 파도 위에
모래성 지어놓고
어둔 꿈을 밝히려다
불면으로 막힌 가슴
어둠도
고뇌 그만큼
흔들리고 있는가.

달궁月宮의 돌

— 지리산 개산족(開山族) 마한(馬韓)의 피난
도성(都城)을 다녀와서

수천 겹 두른 산골 혼자 그리워 꿈꾸다
꽃구름 한자락 달빛으로 타고 내린
한스런 산빛 다스린 마한의 잔도殘都 달궁이여

가슴속에 타고 절인 분노의 슬은 바람
거자수拒梓水와 월정月精으로 산정에 묻어두고
전설이 바람숲에 구르는 무한한 봉 지리산

풍광에 취한 여로의 한점 나그네
솟고 패인 역사의 뒤안길 다 더듬을 길이 없어
이천년 가뭇한 무늬 옥석으로 아득하여라.

가을 들녘

장구배미 가다루고
절기로 단장하니

미운 정 고운 정
보석으로 아물어

누렇게
익어가는 들녘
월령가로 쏟는다.

억만 시름 농심으로
잠겨뜨던 잉태의 꿈

가을 그 설레임
한편의 진주랄까

알알이
거룩한 매듭에
기도하는 가을 들녘

* 장구배미 : 가운데가 잘룩하게 장구처럼 생긴 논배미
* 가다루다 : 논밭을 갈아서 다루다.

신독慎獨

나의 여린 눈빛으로
나를
잡고 있지만

또 하나의 에둘린 빛
나를
끌고 있으니

풀릴 듯
삼가는 그 빛
어둠 속의 추스림.

솟대

신 내리는 방울소리
귀 어두워 다 못 듣고
까치발 돋우며
키를 재는 인간의 꿈
허공의
외로운 깃대
새 한 마리 울고 간다.

언젠가 떠나야 할
귀로의 철새일망정
날갯짓 할 때마다
아파오는 이승의 삶
풍농豊農은
예단의 날개로
푸른 하늘 내리는가.

하늘을 오르는 건
날개만이 아닐 것이
눈길 손길 마음까지
정히정히 쌓으면

허한 곳
닿지 않던 손
하계를 품으리.

난 · 1

— 默亭 선생의 蘭 展示品을 둘러보고

추스린
갈증으로
세속을 헹구더니

함초롬히
맺은 향기
의관도 바로 세워

동방의
꼿꼿한 선비
예 와서 뵈옵네.

난 · 2

알겠다
알겠어
흔들리는 봄빛을

산 하나
섰던 자리에
안개로 덮인 오늘

기척도
없이 흔드는
빗살무늬 이 아우성

* 蘭 展示會에서 銀賞을 받으신 默亭 선생의 '안개 빗살무늬' 韓國春蘭 앞에서

묵향墨香

— 默亭 선생의 광복 50주년 기념 '서예대전'을 보고

무위의 빈 하늘에
내밀하게 다진 호흡

꺾듯이 휘듯이
멈추어 긋듯이

묵향의
정자 아래서
심선心線 찾던 선비여.

나라 사랑 실어중이
붓끝으로 터져서

빛 바랜 민족의 얼
새살 돋듯 치밀어

굳건한
그 시절 그 기상
필력筆力으로 달리네.

일생 일획 필적 따라
무심히 이는 바람

갈대를 흔들더니
기러기도 날아들어

올곧은
묵향 다듬고
속정俗情 씻는 선비여.

화신花信 · 1

어디서 보냈을까
발신인도 없는 편지

설레어
뜯어보니
뜻밖의
환한 웃음

겨우내
잊고 산 세월
꽃물 터진 봄소식

6월의 진혼

— ′95 대전 국립묘지에서

하늘 밑 저린 세월 구름같이 흘렀어도
아슴히 저려오는
진혼의 푸른 비애
조국의
이름 보듬고
홀로 핀 무명화.

어린 가슴 뿌리고도 하늘의 무건 침묵
눕다가도 일어서는
눌린 가슴 여전한데
아직도
핏발선 허리
여며잡는 한탄강.

피묻은 순결에 호국마저 울먹이던
떼더위로 몰려온
그날의 먹피 구름
고귀한
무명 의지가
화석으로 솟았네.

업무일지 · 3

— 송구영신(送舊迎新)

마음을 죄는 것이
어디 세월뿐이랴
타고 남은 빛살에
펼쳐보는 지난날
상처난
바람 없이도
흔들리는 분신들.

정화수 소망 위로
깨어나는 속살들
이지러진 지난 얼굴
바로 펼 순 없을까
몇 바퀴
후회를 감아
다시 펴는 햇살들.

산책길 · 1

잠자락 끌고 가는
산새들의 가리마길

졸리듯 눈동자가
푸드득 열려질 제

봉마다
푸르름 울리며
구슬 닦는 새벽빛.

풀잎의 고운 때깔
이슬로 터트리며

윤기 도는 푸른 새벽
오고가는 산 여운

한 모금
입술 적시면
풀빛 도는 나의 하늘.

산책길 · 2

선잠
둘둘 말아
산빛을 일으키니

청산이
먼저 알고서
맨몸으로 굽혀와

치켜든
세상 잣대를
내려놓고 오라 하네.

산책길 · 3

한 걸음
또 한 걸음
뜬금없이 걷다보니

높고 푸른
청산에
주인이 없다 하네

슬며시
세상 내려놓고
산이나 지고 내려올까.

책을 받고서

사념의
붓끝에서
뒤척이던 가슴앓이

깊은 맛깔
해장 같은
언어로 풀어져

고웁게
빗은 햇살처럼
다시 뵙는 님의 모습.

이사

이 나무
저 나무
둥지를 옮기면서

바람 타는 가지에
사랑도 열렸는데

방전된
유효기간에
흔들리는 보금자리.

아름다운 갈등

박봉주 시선집

발 행 일 | 2011년 7월 7일

지 은 이 | 박봉주
발 행 인 | 李憲錫
발 행 처 | 오늘의문학사
출판등록 | 제55호(1993년 6월 23일)

주　　소 | 대전광역시 동구 삼성1동 125-6 한밭오피스텔 401호
전화번호 | (042)624-2980
팩　　스 | (042)628-2983
홈페이지 | http://www.lito77.co.kr(홈페이지)
전자우편 | hs2980@hanmail.net

ISBN 978-89-5669-442-9
값 7,000원